MÉMOIRE

... MOYENS

DE PARVENIR

Ce mémoire est uniquement pour le Gouvernement, il ne sera adressé à aucun Auteur de Journal ou de Feuille Périodique.

MÉMOIRE

Sur les moyens de prévenir les Vols et les Assassinats, et de ramener les hommes qui les commettent aux Travaux Publics;

Et sur les moyens de simplifier l'ordre judiciaire.

LES Peuples éprouvent une véritable satisfaction; les découvertes en tout genre, l'agrandissement des sciences, le perfectionnement des arts, ont multiplié les jouissances particulières à chacun; et la nouveauté qui flatta extraordinairement, il y a deux cent soixante ans, un des plus grands Rois, qui en usa le premier, n'est plus remarquée sur personne (1).

(1) Le roi Henri II, en 1559, fut le premier en France, qui mit la première paire de bas de soie. *Par cette magnificence* (dit le dictionnaire historique des mœurs, usages et coutumes des Français, tom. 1.er, pag. 23[illegible]) elle

Les moyens de gouverner les états semblaient seuls être négligés, mais en moins de six ans, le monde politique a changé de face; et les grandes merveilles, qui se sont opérées dans ce court espace, ont surpassé tout ce que les anciens et les modernes connaissaient de plus grand et de plus admirable : on croirait que la divinité a un instant laissé pénétrer ses secrets à un GÉNIE qui brise les entraves des peuples, les rend aux idées libérales, et leur montre les routes de la félicité commune.

Au milieu de si heureux changemens, dont le monde entier profite, une seule classe d'hommes reste plongée depuis des siècles dans le plus horrible état; c'est celle des *reclus* et des *forçats*, rentrant dans la société après l'expiration du temps de leur condamnation.

Ils reçoivent tous, à leur sortie, une feuille de route pour le lieu où ils veulent aller demeurer.

Elle porte que l'individu qui en est muni a

---

monarque voulut honorer les noces de sa sœur avec le duc de Savoie. Aujourd'hui tout le monde porte des bas de soie.

lait son temps de *détention* ou de *fers*, suivant son jugement de condamnation (1).

Tel est le titre, le titre unique que ces hommes puissent montrer. Il fait connaître par-tout leur ancienne infamie, et les empêche de gagner leur vie sous aucun rapport honnête.

Comment trouver, en effet, des personnes voulant risquer d'admettre dans leurs travaux, comme ouvriers, ou dans leurs maisons comme domestiques, des individus qui n'ont pour certificat de bonne conduite, qu'une feuille de route portant qu'ils ont été condamnés pour crime.

Si, pour cacher leur infamie, ils ne montrent point ce fatal titre, la première impression

---

(1) Deux décrets, l'un du 19 ventôse an 13, bulletin des lois n.° 79, loi 1372; et l'autre du 17 juillet 1806, bulletin des lois n.° 132, loi 2164, ont réglé la police particulière des forçats libérés. Ils ne peuvent aller demeurer, ni dans une ville de guerre, ni à moins de trois myriamètres de la frontière, ni à Paris, Versailles, Fontainebleau et autres lieux où il existe des palais impériaux, ni dans les ports où les bagnes sont établis. Ils sont sous la surveillance du maire du lieu qu'ils ont choisi pour leur demeure, et ne peuvent en changer sans l'autorisation expresse du préfet.

qu'ils font aux personnes qui pourraient désirer de les occuper réveille leur attention, excite leur crainte, arme leur défiance; et il leur devient impossible d'obtenir la préférence, sur d'autres ouvriers connus et porteurs de bons certificats; ils sont donc forcément exclus de toute occupation.

S'il s'en trouve parmi eux d'assez courageux pour retourner dans le lieu de leur demeure habituelle, c'est encore en vain qu'ils tentent de se faire occuper; les obstacles sont plus grands qu'ailleurs, et chaque regard du public est un nouveau et perpétuel supplice pour eux.

La mendicité ne leur réussit pas mieux.

La lente main de la charité, ne fait aucun mouvement pour secourir des hommes jeunes et forts, comme le sont presque tous les *forçats* et *reclus* des deux sexes; ils sont durement invités à quitter le métier de fainéant, pour se vouer aux travaux de la société, manquant essentiellement de bras.

Il est donc impossible que cette classe d'hommes, trouve le moyen de subsister; voler de nouveau pour se soustraire à la faim, est leur seule ressource.

Existe-il au monde rien d'aussi désespérant ?

Cependant les Gouvernemens s'occupent sans cesse de nouvelles découvertes, et les sociétés savantes offrent des prix à toutes sortes de perfectionnement, et aux meilleurs moyens de multiplier jusqu'à la plus chétive de nos productions. (1).

Des hommes que la loi rend à la société, méritent au moins la même attention.

Ce qu'il y a de plus admirable dans les institutions sociales, c'est leur tendance à rendre les hommes meilleurs, et à prévenir les crimes pour n'avoir pas à les punir.

Au milieu de tant de prodiges et de cette amélioration générale, le monde entier pourrait-il encore rester insouciant sur les moyens de rendre utile une classe d'hommes forcément voués jusqu'à ce jour au métier de scélérats ?

Les *forçats* et les *reclus*, en rentrant dans la société, obéissant à la loi; l'ordre public leur doit secours, assistance; et l'humanité, d'accord avec l'intérêt social, commandent quelque chose de plus à leur égard; c'est une pro-

---

(1) On propose cette année un prix pour le meilleur moyen de cultiver le navet de Suède.

tection particulière, les empêchant de retomber dans le crime.

Ils sont sans amis, sans parens qui veuillent les reconnaître ; leurs bras sont leur unique ressource ; il est donc juste, il est donc politiquement nécessaire que les Gouvernemens les emploient efficacement.

Il n'y a pas de jour qui, dans l'Empire français, ne rende à la société des hommes dont le tems de *fers* ou de *réclusion* est expiré.

Chaque jour voit donc accroître le nombre de ces malheureux, hésitant entre le désir impuissant d'être occupés pour vivre et le penchant forcé au crime, pour éloigner les horreurs de la faim. Hé! quelle force ne faut-il pas à des gens jeunes et forts pour supporter constamment, jusqu'à la mort, les premiers besoins de la vie!

Telle est la situation désespérante d'une classe d'hommes dénuée de tout secours, et forcée au crime pour vivre ou à périr de faim.

Considérons maintenant ce vice politique sous le rapport social ; il n'est pas moins affligeant.

Forcés de retomber dans le crime, les *forçats*

et *reclus* deviennent rusés et cruels : en effet, les plus grands scélérats ont commencé par peu de chose ; c'est en récidivant plusieurs fois qu'ils acquièrent les derniers degrés de cruauté ; et le Souverain qui, le premier, anéantira la cause des *récidives* en matière de crime, en aura presque détruit la source ; il donnera aux peuples une somme de prospérité nouvelle, sur laquelle ils n'ont jamais compté.

Si on examine cet état de choses, quant à l'économie publique, il sera invinciblement prouvé que tous les états sont considérablement grevés par l'acquittement des secondes et subséquentes dépenses, d'arrestation, procès-verbaux de capture, de conduite, d'emprisonnement, nourriture, jugement et d'exécution des jugemens pour *récidive seulement.*

Un examen approfondi justifie que plusieurs condamnés ont *récidivé* trois, quatre, et jusqu'à cinq ou six fois, et qu'un certain nombre pousse bien plus loin l'habitude de récidiver.

Les exemples dans les divers gouvernemens sont incroyables.

On y voit un individu condamné soixante-neuf fois à l'emprisonnement à l'âge de soixante ans, et trente-sept de ces condamnations étaient agravées de la peine du fouet. (1)

Cette classe d'hommes, ainsi habituée au vol et à l'assassinat, passe de prison en prison, vit et périt dans les horreurs du crime; et il y a tel individu qui a coûté au trésor public plus de cent mille francs en frais de procédures, pour *récidive seulement.*

Le mal est suffisamment connu, me dira-t on; mais quel moyen avez-vous pour le faire cesser?

Le voici :

Je propose d'établir à. . { Lille, Besançon. Lyon, Aix, Toulouse, Montpellier, Bordeaux, Tours, Rennes, Rouen.

(1) Ed. Wight est l'individu cité; sa soixante-neuvième condamnation fut prononcée au mois de juillet 1801. Les registres de la prison de Newgate, en Angleterre, contiennent, à cette date, la preuve de ces faits.

Un atelier ou dépôt pour toutes sortes de travaux qui pourraient le mieux convenir aux personnes des deux sèxes, et à l'économie. (1)

Ces ateliers dépendraient du ministère de l'intérieur; ils seraient sous la surveillance du Préfet du département, et un directeur à Paris rendrait compte au ministre, afin qu'une attention toute particulière soit toujours prête à protéger ces jeunes établissemens, que les abus de toute espèce ne manqueront pas d'entourer.

---

(1) Par les décrets des 19 ventose an 13, et 17 juillet 1806, déjà cités, il est défendu aux forçats libérés, de demeurer à Paris, Versailles, Fontainebleau et autres lieux où il existe des palais impériaux, ni dans une ville de guerre, ni dans les ports où les bagnes sont établis, ni à moins de trois myriamètres de la frontière; on ne peut donc, par la même raison, former aucun de ces établissemens dans les lieux d'exception.

Dix ateliers paraissent suffisans pour recevoir et occuper tous les *forçats* et *reclus* libérés.

On pourra contenir dans chacun jusqu'à 250 individus, ce qui suppose 2,500 reclus ou forçats, toujours subsistans après le tems de leur condamnation, et ce n'est pas beaucoup s'éloigner des probabilités; au surplus, quand on les porterait au double, à 5000 hommes au total, alors on augmenterait le nombre des ateliers, si chacun d'eux ne pouvait recevoir 500 individus.

Tous les *forçats* et *reclus* des deux sexes, après l'expiration du tems de leur condamnation, seraient adressés, suivant leur désir et les distances, à l'un de ces dix ateliers, ils y seraient reçus et employés au genre de travail qui conviendrait à leur industrie.

Ils recevraient, en sus de leur bonne nourriture, vêtement et entretien, un salaire qui leur appartiendrait et qu'ils pourraient employer à volonté.

Pour exciter l'émulation, il y aurait une fois par an une distribution publique de prix à ceux qui se seraient distingués par le fini de leur travail, et leur bon exemple.

Ces établissemens ne pourront jamais être regardés comme maison de reclusion, c'est par voie de police qu'on y adresserait les *forçats* et les *reclus*; et ils pourraient en sortir à l'instant où des particuliers voudraient les occuper, ou lorsqu'ils auraient des moyens de subsister par eux-mêmes, soit par des successions qui pourraient leur échoir, ou de toute manière, les mettant en état de vivre convenablement.

Le premier effet de ces établissemens sera de tarir la source des *crimes*, des *forfaits* et des *attentats*.

Ils sont en effet toujours exécutés par des hommes habitués à *récidiver* autant de fois que leur tems de reclusion, ou de fers expiré, les a fait rentrer dans le monde : mais si on ôte, comme je le propose, les moyens de récidiver à tous les criminels, en leur offrant les moyens de subsister convenablement dans un atelier ; ils est évident qu'ils préféreront cet avantage, à la fatale nécessité de recommencer leur métier de voleur, qui les a déjà fait condamner ; dès-lors il n'y aura plus de coupables, ni de crimes à punir (1).

---

(1) Si cette préférence ne peut être douteuse, il est encore évident que l'occasion de *récidiver* disparaît, et avec elle, l'école de la scélératesse.

Si cette école s'anéantit, il est également évident qu'il ne se formera plus de ces grands criminels, des scélérats se divisant par bandes contre l'ordre social ; et s'il n'y a plus de criminels, de scélérats, de ces bandes, il est enfin incontestable qu'on ne verra plus, ni de crimes, ni de forfaits contre la société, ni des attentats contre la sûreté des gouvernemens, puisqu'ils ne peuvent être commis que par des hommes *endurcis au crime à force d'y récidiver*.

Il s'agit également ici de l'intérêt particulier des chefs des gouvernemens.

Le grand progrès de l'instruction en Europe y a *tué* tous

A
B

De quelle somme de malheur la société ne sera-t-elle pas délivrée? et la sécurité que les gouvernemens acquerront, peut-elle s'aprécier?

Il ne restera plus que les délits ordinaires, les injures, les voies de fait, accidens inévitables des légères imperfections *innées* et *inextinguibles* chez les hommes : mais les progrès de la civilisation diminuent chaque jour ce mal, qui successivement sera réduit à peu de chose.

Le second effet de l'établissement de ces ateliers viendra au secours des mœurs.

---

les genres de fanatisme, et il n'y reste plus aujourd'hui que des *criminels*, des scélérats, pour *exécuter les attentats*, *changeant en un instant la politique d'un état. Il faut donc se hâter de détruire l'école des criminels et des scélérats*, *pour enlever à la haute et très-sanguinaire perversité* les exécrables instrumens de ses infernales machinations.

On parviendra à un but aussi grand, en anéantissant l'école du crime et de la scélératesse, ainsi que je crois l'avoir invinciblement établi ; et alors les attentats contre les gouvernemens ne seront plus exécutables, puisqu'on ne trouvera plus de bras accoutumés à frapper des victimes, des mains habituées au sang, et des esprits nourris dans la cruauté.

Pour en être bien pénétré, il suffit de concevoir tout ce que peut en mal, au moral d'un grand peuple, une bande de criminels répandue sur toute la surface de l'Empire, et travaillant sans cesse à corrompre tout ce qui est bon; et quelle sera la différence de cette critique position, lorsqu'il n'existera plus de grands coupables, et que l'ordre social, dégagé de ces bandes perverties, marchera vers son but de perfection naturelle.

Le troisième effet de cette mesure sera de rendre aux travaux de la société des bras, uniquement occupés de vols et d'assassinats.

Ce double bien, dont l'harmonie sociale s'enrichira, est inapréciable.

Reste à examiner le projet sous le rapport de la dépense; mais la dépense pourrait-elle retarder un si grand bien!

Un million suffirait pour l'établissement de ces dix atelliers, à raison de cent mille francs chacun.

Il n'échappera pas qu'il y aurait une diminution considérable, à mesure que l'effet d'une bonne gestion se ferait sentir, dans les diverses parties des travaux adoptés.

Enfin, arriverait l'époque où, les recettes couvrant les dépenses, le gouvernement n'aurait plus aucun sacrifice à faire.

D'un autre côté, la première année de l'exécution de ce projet, verrait diminuer les frais pour les procès criminels; puis successivement cette diminution deviendrait très-sensible, au point qu'il n'y aurait plus ou presque point de poursuites pour crime de récidive; en sorte que le trésor public se trouverait allégé de toute cette dépense.

MOYENS

DE SIMPLIFIER L'ORDRE JUDICIAIRE.

Indépendamment de l'économie pour frais de justice criminelle, qui sera de plusieurs millions, l'exécution de ce projet rendra possible une économie bien plus grande.

Ce sera de n'avoir qu'un seul tribunal dans chaque chef-lieu de département pour juger les affaires civiles et les affaires criminelles.

Il serait tribunal de première instance pour le civil, et souverain pour le criminel et en matière correctionnelle. Le nombre des juges composant le tribunal criminel du chef-lieu de chaque département, ou ceux qui composent le tribunal de première instance de la même ville suffirait, puisque dans l'état actuel des choses, et malgré tous les crimes en récidive, les tribunaux criminels n'ont d'affaires que dans le premier mois de chaque trimestre, et qu'ils n'ont rien à faire pendant les trois autres quarts de l'année.

Il n'échapera pas qu'on excepte Paris de cette grande inocupation des tribunaux criminels.

On trouverait dans ce moyen une heureuse latitude pour choisir parmi un plus grand nombre de juges, les plus capables devant composer ces tribunaux.

Le code Napoléon ayant détruit la source des trois quarts des procès, un seul tribunal de première instance dans le chef - lieu de chaque département suffirait pour toute son étendue, sans qu'il fût besoin d'augmenter le dernier ressort des juges de paix ; et si on le croyait nécessaire ce serait de peu de chose.

On réglerait sans inconvéniens, comme on l'avait fait autrefois pour les présidiaux, les tems affectés au jugement de chaque nature d'affaire.

En cela on imiterait une bonne institution dans les parlemens ; ils avaient le civil et le criminel ; la grande chambre jugeait, dans la même semaine, trois sortes d'affaires qui avaient leurs jours déterminés ; et les mêmes juges tenaient encore la tournelle civile.

Il avait été reconnu qu'en faisant passer successivement les juges à la tournelle, pour un tems déterminé, après lequel ils retournaient à la grande chambre pour y prendre la place de ceux qui les remplaçaient, la justice criminelle était mieux rendue; il en serait de même ici, les juges qui connaîtraient successivement du civil et du criminel, augmenteraient le domaine de leurs connaissances et attireraient un grand respect, avantage surpassant tous ceux dont un juge a essentiellement besoin.

L'état gagnerait tout ce qu'il dépense pour les juges actuels, composant les tribunaux de première instance: c'est un objet de plusieurs millions.

Il gagnerait encore bien davantage, ce serait de n'avoir que les meilleurs juges possibles, et moins de procès: l'excellence des uns diminuant nécessairement les autres.

Il est incontestable qu'en diminuant des trois quarts, plus ou moins, le nombre des juges, le nombre des tribunaux et le nombre des avoués, on diminue dans la même progression le nombre des procès, dont le code Napoléon n'a pu détruire le prétexte, et le bien qu'on fera à l'ordre social sera incalculable.

Alors il ne restera que les procès dont la cause tient à des circonstances extrêmes, que le législateur ne pourra jamais prévoir; mais les contestations ayant leur source entre ses cas extrêmes et le sens textuel des nouveaux codes, et qui naissent dans des nuances imperceptibles que l'esprit processif et les subtilités du barreau créent à volonté ; tous ces procès n'auraient pas lieu dans la suppression que je conseille ; parce que tous les officiers ministériels seraient convenablement occupés, et au lieu de monter l'imagination des cliens par des moyens futiles, uniquement pour augmenter le nombre des procès ; ils les désabuseraient, et on ne verrait plus des familles à leur dernière chemise pour avoir gagné des procès, et d'autres n'en avoir plus pour les avoir perdus.

L'ordre judiciaire acquerrait par cette opération la plus grande considération.

Faites la même réforme dans le notariat, et au lieu de cette multitude d'actes inutiles, provoqués, médités, pour terminer des difficultés qu'on fait naître dans l'intérêt des notaires désœuvrés, vous n'aurez plus que des actes nécessaires et bien clairs, ne donnant pas lieu à des procès pour les expliquer ; et comment en serait-il autrement, lorsqu'il ne restera que le nombre de notaires justement nécessaires, dont l'instruction sera parfaite et l'occupation suffisante pour empêcher leur imagination poussée par l'inoccupation, de suggérer des chicanes, afin de créer l'occasion de faire des actes.

De quel énorme fardeau l'ordre social ne serait-il pas délivré, le jour où le gouvernement ferait exécuter cette salutaire réforme : elle donnerait aux notaires la plus haute considération.

Les avantages de ce projet paraissent si grands, si évidens que je crois parfaitement inutile de leur donner un plus grand développement ; et si je pouvais me tromper, on m'excusera, je l'espère, en faveur du desir aussi pur que vif, d'être utile à mon pays, dans ce qu'il y a de plus précieux.

Balzac.

www.ingramcontent.com/pod-product-compliance
Lightning Source LLC
LaVergne TN
LVHW020458230826
846091LV00008BA/3276

* 9 7 8 2 0 1 6 1 2 4 5 6 7 *